AF337911

NOTE

SUR

DEUX ACTES DU TABELLIONAGE

DE ROUEN

Concernant la Famille de P. Corneille

Par M. DECORDE

ROUEN

IMPRIMERIE DE ESPÉRANCE CAGNIARD

RUES JEANNE-DARC, 88, ET DES BASNAGE, 5

—

1886

NOTE

SUR DEUX ACTES DU TABELLIONAGE DE ROUEN

CONCERNANT LA FAMILLE DE P. CORNEILLE

Par M. DECORDE

———

Le Comité des travaux historiques et scientifiques du Ministère de l'Instruction publique et des Beaux-Arts a publié, dans son Bulletin de 1884, section d'histoire et de philologie, n° 2 (page 154), deux actes concernant la famille Corneille, qu'il m'a paru intéressant de faire connaître.

Ces deux actes sont empruntés aux registres du Tabellionage de Rouen. Ils ont été communiqués au Comité par notre savant confrère, M. de Beaurepaire.

Le premier est le contrat passé entre les religieux du Mont-aux-Malades et Pierre Corneille, le père, à l'occasion de l'admission de son second fils, Antoine, dans cette communauté.

Il est daté du mercredi 20 octobre 1627.

Les parties comparantes sont, d'une part : frère Antoine Lefebvre, sous prieur du Prieuré Saint Thomas le Martyr du Mont aux Malades lès Rouen, Gilbert Neveu, procureur du dit prieuré, et Guillaume Poulain, Antoine Talbot, Gilles Delamare et Thomas Langlois, ces quatre derniers religieux profès ; — d'autre part, noble homme, M⁰ Pierre Corneille, cy devant conseiller du Roi et Maître particulier des Eaux et Forêts de la vicomté de Rouen.

Il y est expliqué que Corneille le père avait eu de M⁰ Jessé de Bauquemare, conseiller aumônier de Monseigneur le prince et prieur commandataire du Mont aux Malades, l'assurance pour son fils, Antoine Corneille, de la première place de religieux qui viendrait à vaquer au prieuré par la mort de l'un des titulaires. Pourquoi le sous prieur et les religieux sus dits promettent recevoir le dit Antoine Corneille en leur couvent et lui bailler l'habit de novice toutes fois et quantes.

De son côté, M⁰ Pierre Corneille promet donner à son fils la somme de 200 livres de pension annuelle « *pour servir à son vivre, vesture et entretenement* », à commencer du jour de l'acte et payable par semestres au couvent, jusqu'à la première place devenue vacante par le décès d'un des religieux du prieuré.

La pension ne fut pas longtemps servie, car il résulte d'une mention mise en marge de l'acte que, dès les premiers mois de la troisième année après sa constitution, le prieur Jessé de Bauquemare en déchargeait M⁰ Pierre Corneille, moyennant 200 livres que ce dernier lui versait le 12 janvier 1630.

Le second contrat est du 16 janvier 1646. Il a pour objet le remboursement aux héritiers de Barbe Corneille, veuve de Claude Briffault, sieur du Boscroger,

de la somme de 2,000 livres pour le raquit et amortisse-
ment du principal de 200 livres de rente constituée pour
la dot de celle-ci par son contrat de mariage du 24 juillet 1604.

Les héritiers comparants sont :

Guillaume Corneille, écuyer, sieur de Savaussière ;
Marthe Pesant, veuve de feu Mᵉ Pierre Corneille,
écuyer, en son vivant conseiller du Roi, maître particulier des Eaux et Forêts de la vicomté de Rouen, agissant
comme tutrice principale de Thomas Corneille, son fils
mineur ;
Mᵉ Pierre Corneille, écuyer, conseiller du Roi, avo-
cat général au siège de la Table de marbre du palais à
Rouen :
Enfin, Mᵉ François Corneille, procureur en la Cour
du Parlement de Rouen, agissant à la fois en son nom
personnel et au nom et comme se faisant fort de noble
et discrette personne, Mᵉ Antoine Corneille, prêtre, curé
de la paroisse de Sainte Marie des Champs près Yvetot,
son frère, suivant sa missive, datée du 6 janvier, lors
courant.

Le débiteur qui se libère envers eux par le paiement
des 2,000 livres est Claude de Gaillardbois, écuyer,
sieur des Monts, demeurant en la paroisse de Hautot
sur Seine, héritier par bénéfice d'inventaire du défunt
sieur de Boscroger, son oncle, époux prédécédé de Barbe
Corneille.

Le principal intérêt de cet acte, c'est qu'il est revêtu
de la signature authentique du grand Corneille.

Il fournit, en outre, quelques renseignements sur sa famille.

On y voit d'abord que le père de Corneille y est qualifié d'*écuyer*. Ce titre ne lui est pas donné dans le contrat du 20 octobre 1627. Dans ce premier contrat il est qualifié de *noble homme* Mᵉ Pierre Corneille, ci devant conseiller du Roi, maître particulier des Eaux et Forêts.

Est-ce une simple omission ou le titre d'écuyer ne lui fut-il conféré que plus tard ?

En second lieu, les héritiers Corneille comparants ou représentés dans l'acte de 1646 sont au nombre de cinq.

Ils sont déclarés *tous héritiers chacun en partie*, sans que l'acte indique dans quelle proportion chacun a droit à la succession.

Or cette proportion n'était pas vraisemblablement la même pour tous.

Les quatre derniers, Thomas, Pierre, François et Antoine sont des neveux de la défunte. Le premier, au contraire, si j'en juge d'après le tableau généalogique dressé par M. Ballin et qui est aux archives de l'Académie, Guillaume Corneille, écuyer, sieur de la Savaussière, serait son frère. La représentation étant admise en Normandie au premier degré, en ligne collatérale, les quatre neveux ont dû prendre seulement la moitié des 2,000 livres ; le frère l'autre moitié.

Il est à remarquer aussi que la succession est partagée entre tous héritiers *mâles*. Il semble cependant qu'il devait y avoir en 1646, des tantes ou tout au moins des sœurs de Pierre Corneille encore existantes. N'est-ce

point là l'application de la règle usitée en Normandie
que tant qu'il y a des mâles ou descendants des mâles,
les femelles ou leurs descendants ne peuvent succéder,
soit en ligne directe, soit en ligne collatérale : Houard,
Dictionnaire de Droit normand, *verbo Succession*,
chapitre II, page 257.

Il est assez difficile aujourd'hui de résoudre sûrement
ces questions. L'acte envoyé par M. de Beaurepaire au
Comité des travaux historiques et scientifiques n'est
point d'ailleurs reproduit, dans le Bulletin de ce Comité,
dans son entier. Peut-être la minute contient-elle quelques autres détails qu'il serait intéressant de connaître ?
Le membre rapporteur du Comité, M. Marty-Laveaux,
signalait qu'il serait désirable que M. de Beaurepaire
voulût bien compléter sa communication, en ajoutant à
la seconde pièce, — la quittance du 16 janvier 1646, —
les noms des signataires. Ce désir est aujourd'hui satis-
fait. M. de Beaurepaire a bien voulu nous donner, pour
les archives de l'Académie, déjà si riches en documents
relatifs à Pierre Corneille et à sa famille, une copie en-
tière de cette quittance, avec le fac-simile des signatures.

Du mardy avant midy saiziesme jour de janvier mil six cens quarante six à Rouen.

Furent présens Guillaume Corneille, escuier, sieur de Savausine (?),
damoiselle Marthe Pesant, veuve de feu Me Pierre Corneille, escuier,
vivant conseiller du Roy, maître particullier des eaues et forests de
la vicomté de Rouen, tutrice principalle de Thomas Corneille, son
fils mineur, Me Pierre Corneille, escuier, conseiller du Roy, advocat
general au siege de la Table de marbre du Palais à Rouen, et
Me François Corneille, procureur en la cour du parlement de Rouen,
tant en son nom que pour et au nom et se faisant fort de noble et

discrette personne Me Anthoine Corneille, presbtre, curé de la paroisse Se Marie des Champs près Yvetot, son frère, suivant sa missive dabtée du sixième du présent mois de janvier, lesquelz sieurs Corneille, tous heritiers chacun en partie de feue damoiselle Barbe Corneille, lors de son decedz veufve de deffunct N. H. Claude Briffault, vivant sieur du Boscroger, aiant de son vivant renoncé à la succession dudit deffunt sieur de Boscroger, son mary, lesquelz out recognu et confessé avoir eub et receub presentement comptant de Claude de Gaillardbois, escuier, sieur des Montz, demeurant en la paroisse de Hautot sur Seine, fils de Nicolas de Gaillardbois et de demoiselle Louise Briffault, ses pere et mere, et en ceste qualité, héritier par benefice d'inventaire dudit deffunct sieur de Boscroger, son oncle, la somme de deux mille livres pour le raquit et admortissement du principal de deux cens livres de rente constituez par ledit defunt sieur du Boscroger pour le dot matrimonial de ladite defunte demoiselle Barbe Corneille, son espouse, et en quoy il estoit tenu et obligé par le traité de leur mariage soubz seing privé du vingt quatre juillet mil six cens quatre, recongnu aux Requestes du Pallais audit Rouen le vingte jour de novembre ensuivant audit an, insignué aux assises du bailliage de Rouen le troise janvier mil six cens et cinq, de laquelle somme de deux mil livres tournois, pour led. raquit en principal desdites deux cens livres de rente, ensemble des arrerages qui en estoient deubz et escheubz jusques à ce jour, lesdits sieurs Corneille se sont tenus contens et bien paiez devant lesd. tabellions, et en ont quité et promis sollidairement sans division en aquitter et descharger ledit sieur des Montz et tous autres envers et contre tous, promectans que jamais riens ne luy en sera demandé ny faict demander, et au moien dudit racquit lesdits sieurs Corneille ont consenti et accordé le traicté de mariage devant dabté estre dossé du contenu en ces presentes et les registres, sy aucuns en sont portez, esmargés, présence ou absence, declarant ledit sieur des Monts que ladite somme de deux mil livres par luy cy dessus paiée provient des mains de noble homme Claude Hebert, ancien conseiller eschevin de l'hostel commun de ceste ville de Rouen, demeurant en la par. de St Candre le Jeune dudit Rouen, faisant partie et en deduction de la somme de deux mil sept cents soixante et cinq livres tournois qui estoit demeurée ès mains dudit sieur Hebert du presentement dudit sieur Des Monts pour asseurance dudit dot de ladite deffuncte Barbe Corneille, icelle somme de deux mil sept cents soixante et cinq livres restant du prix principal de l'acquisition faicte par ledit sieur Hebert dudit sieur des Monts, en ladite qualité d'heritier par bénéfice d'inventaire, de plusieurs heritages bournez et mentionnez au contrat de l'acquisition passée devant les tabellions dudit Rouen le deuxième jour d'aoust mil six cens quarante cinq, et à ce moien ledit sieur des Monts a tenu quite et deschargé par lesdites presentes ledit sieur Hebert de pareille somme de deux mil livres t., consentant et accordant ledit sieur des Monts que ledit contrat d'aquisition dudit Hebert soit dossé d'icelle somme et le registre esmargé, présence ou absence, comme aussi ledit sieur des Monts accorde et consent que ledit sieur Hebert preffere en ypoteque et aisneesse du jour et dabte dudit traicté de mariage devant dabté pour asseurance de garantie de sa dite aquisition sans que l'on puisse dire ces presentes estre novation de contrat, en obligation duquel traicté de mariage a esté baillé coppie approuvée audit sieur Hebert, dossée du present paiement et raquit, pour lui valloir et servir à l'effect susdit, parce que les endos et emargement ne serviront avec la presente que pour une seulle et mesme descharge. En tesmoings et presents Toussaint Tesson et Baptiste Couillard demeurant audit Rouen.

Signé :

La signature du grand Corneille est la première à gauche, sur la seconde ligne.

E. CAGNIARD
ROUEN

www.ingramcontent.com/pod-product-compliance
Lightning Source LLC
Chambersburg PA
CBHW061903080726
47597CB00010BA/4394